VIES

DES
ESPAGNOLS CÉLÈBRES,

PAR

Don Manuel-Joseph QUINTANA ;

TRADUITES DE L'ESPAGNOL

Par M. LAFFON-SAINT-MARC.

LE CID.

Ouvrage publié au profit des Réfugiés Espagnols, résidant à Castelnaudary.

Prix : 1 fr.

CASTELNAUDARY,

IMPRIMERIE ET LIBRAIRIE DE G.-P. LABADIE.

— 1843. —

VIES
Des ESPAGNOLS
CÉLÈBRES.

VIES

DES
ESPAGNOLS CÉLÈBRES,

Par Don Manuel-Joseph QUINTANA ;

TRADUITES DE L'ESPAGNOL

Par M. LAFFON-SAINT-MARC.

LE CID.

Ouvrage publié au profit des Réfugiés Espagnols,
résidant à Castelnaudary.

CASTELNAUDARY,

IMPRIMERIE ET LIBRAIRIE DE G.-P. LABADIE.

— 1843. —

AVERTISSEMENT

DU TRADUCTEUR.

Don Manuel-Joseph QUINTANA est né à Madrid en 1772.

Il figure parmi les historiens et publicistes espagnols contemporains. Ses talents et ses goûts l'associèrent de bonne heure aux travaux des savants, qui, sous les règnes de Charles III et de Charles IV, enrichirent leur patrie et contribuèrent à en embellir la langue, déjà si harmonieuse et si pure, dès le temps de Charles-Quint et de ses successeurs immédiats. C'étaient don Pédro Rodriguez, comte de Campo Manès, don Joseph-Nicolas de Azara, Gaspard-Melchior de Jovellanos, Mariano-Louis de Urquijo, Juan-Antonio de Melendez y Valdez, Joseph Clavijo y Faxardo, Thomas de Yriate, Joachim Gundara, Lorenzo Villanueva, Juan de Torres, Eugenio Izquierdo, Casimiro Gomez Ortéga, Antonio-Joseph Cavanillas, Joseph-Maria Vacca de Guzman, Gabriel Ciscar, hommes doués de vastes connaissances, remplis d'érudition, mais imbus des principes et partageant toutes les idées des économistes et des encyclopédistes, dont ils ne surent, à bien des égards, que se montrer les serviles imitateurs.

Une noble émulation s'empara du jeune Quintana. A l'exemple de plusieurs des littérateurs renommés auxquels le liaient ses penchants, peu content d'écrire en prose, il cultiva aussi la poésie. Quelques pièces fugitives, qui signalèrent son début dans cette nouvelle carrière, obtinrent une grande célébrité. Il traita ensuite divers genres à la fois, toujours avec un égal succès. L'inspiration poétique, l'élévation, la force de la pensée, étaient réunies, dans ses ouvrages, à la parfaite structure, à l'heureuse cadence des vers. Toute la péninsule retentissait de ses éloges; il tenait, pourrait-on dire, le premier rang entre les poètes qu'animait le louable désir de perpétuer la gloire du parnasse espagnol.

En effet, on citait en Espagne l'Ode: le Calme de la nuit, Noche serena, de Louis de Léon, adressée à Philippe Ruyz; la Bataille de Lépante, de l'admirable Herréra, et l'on mettait au-dessus de ces pièces l'ode de Melendez contre le fanatisme, et son dithyrambe, intitulé : Prospérité apparente du méchant. Eh ! bien, Quintana fit tout oublier quand apparut son ode : A la découverte de l'imprimerie. On n'avait, disait-on, jamais rien vu de plus beau.

Il s'est trouvé des critiques qui ont prétendu que sa versification est dure, parce qu'elle est nerveuse et qu'il néglige les vains ornements. A la vérité, elle n'a pas la grâce et la suavité de celle de Melendez ; mais en examinant les choses sans prévention, on demeure persuadé que l'Espagne n'aura pas de long-temps un auteur lyrique, dont la marche impétueuse, l'exposition hardie et les magnifiques déploiements du rhythme héroïque, reproduisent la manière et le génie de Quintana.

Lors de la guerre de l'indépendance, Quintana, guidé par un généreux patriotisme, se prononça hautement contre l'usurpation française. Ses opinions politiques et ses relations sociales le jetèrent dans le parti qui proposa et fit prévaloir la constitution de 1812. Au retour de Ferdinand VII, deux ans après, la publication d'une brochure, empreinte de libéralisme, le compromit gravement. Ses intentions pouvaient être pures ; on leur donna une mauvaise interprétation.

Il fut arrêté et condamné à une détention de huit ans, dans la citadelle de Pampelune.

A la même époque, d'autres écrivains subirent le même sort. On leur reprochait aussi des projets de réforme, mal digérés, propres à tout bouleverser.

Quintana s'évada bientôt de sa prison et passa en France. Revenu depuis en Espagne, il rentra en grâce auprès de son Souverain, et fut appelé à remplir une place vacante à l'Académie royale des sciences naturelles, établie par Ferdinand VII en 1845. Il est aujourd'hui précepteur de la reine Isabelle II.

Les compositions historiques de Quintana sont très estimées. Elles lui ont fait autant d'honneur que ses poésies. Mais, disons - le, elles offriraient plus d'attrait et plus d'utilité, s'il avait moins suivi l'esprit de son pays. L'Espagne, arriérée d'un demi-siècle sur le reste de l'Europe, en est maintenant aux idées païennes et philosophiques, que les autres nations ont successivement rejetées. Comme on le faisait partout ailleurs depuis la renaissance, on s'y occupe trop de l'histoire et des chefs - d'œuvre de la Grèce et de Rome, et l'on y néglige les ressources que fourniraient la foi chrétienne et les traditions venues à travers le moyen âge.

Parmi les différentes productions de Quintana,

il faut distinguer surtout les vies des Espagnols célèbres. Elles sont évidemment très remarquables, et peu de biographies peuvent leur être comparées. Les faits y sont exposés avec méthode et clarté, et cette narration, d'ailleurs vive, animée, rapide, est soutenue par une grande puissance de style. On sent que l'auteur est maître de son sujet, et qu'il manie sa langue à son gré. Jusque-là, l'Espagne n'avait possédé rien de semblable. C'est un ouvrage précieux, et bien qu'en passant dans un autre idiôme, il n'ait pu conserver son coloris, on ose espérer qu'il excitera encore un vif intérêt.

Quintana, admirateur exclusif de Plutarque, semble n'avoir pas aperçu que ce fameux biographe est le panégyriste plutôt que l'historien des grands hommes dont il nous transmet les actions. Malgré cet enthousiasme aveugle, Quintana, sage et judicieux, sous tout autre rapport, a eu une influence incontestable sur la littérature espagnole. Ses écrits, comme ceux de la plupart des sujets qu'a produits l'Espagne, à la fin du dix-huitième siècle, ont puissamment servi à la correction du langage. La prose castillane lui doit en partie sa perfection actuelle. Sans doute, elle a perdu sous sa plume, quelque chose de la pompe latine, qu'elle tenait des grands classiques nationaux, regardés pendant près de

deux cents ans, comme les précepteurs du goût ;
mais ce qu'elle peut regretter de ce côté, elle
le retrouve ou le regagne, sans démentir tota-
lement le type de son origine, par la concision,
la netteté, la logique, appliquées à l'ordre
grammatical; avantages qu'elle doit à l'intro-
duction du nouveau système d'élocution.

Préface de l'Auteur.

La vie des hommes célèbres est de tous les
genres d'histoire, celui qui offre le plus d'attrait. Les hauts-faits de ces grands personnages
excitent vivement la curiosité. On aime à voir
de près, à contempler à loisir ceux dont les
talents, les vertus ou les vices ont contribué
à l'établissement, aux progrès ou à la ruine des
empires. Les détails dans lesquels l'auteur est
obligé d'entrer pour peindre fidèlement les ca-
ractères et les mœurs, appellent d'autant plus
l'attention, que les héros qui en sont l'objet, pa-
raissent souvent à nu, entièrement dépouillés
de l'éclat dont ils ont brillé sur la scène du

monde, et semblables, par leurs faiblesses et leurs erreurs, au reste des mortels, comme pour faire en quelque sorte oublier à ceux-ci leur supériorité.

C'est ainsi que l'on goûte un charme inexprimable en lisant, dans l'enfance, les vies de Cornelius Nepos, et dans la première jeunesse, celles de Plutarque : lecture précieuse à cet âge heureux où le cœur, naturellement enclin à la vertu, croit la trouver dans tous les hommes; où l'on s'exalte pour tout ce qui est grand et héroïque, et l'on brûle du désir de l'imiter. C'est alors que nous rangeons dans notre société intime Aristide, Cimon, Dion, Epaminondas; et ces amis sont peut-être, de tous ceux que nous choisissons à cette époque, les seuls auxquels nous n'ayons pas à reprocher plus tard une indigne trahison. Chacun les prend pour son modèle; on voudrait se lancer après eux dans la carrière de la gloire ; et quoique, dans la suite, le cours des années, le choc des intérêts, la fatale expérience de la vie, refroidissent cette généreuse ardeur, elle nous aide encore à supporter les épreuves les plus rudes, et devient notre consolation dans l'adversité. Les autres manières d'écrire l'histoire méritent sans doute la préférence, si on la considère sous le rapport de la politique et de l'économie publique; mais du côté de la morale, les vies particulières ont un avantage non contesté, et leur effet est infiniment plus sûr.

Plutarque a rendu ce dernier genre difficile. On croit toujours voir ce grand écrivain accuser de témérité ceux qui se proposent de marcher sur ses traces. En vain quelques-uns se permettent-ils de censurer ses longues digressions, sa crédulité, qui lui fait adopter les réponses des oracles, les prodiges, les visions ; le soin minutieux, peu digne de la plume d'un philosophe, avec lequel il rapporte les généalogies les plus incertaines et les plus fabuleuses. Ces défauts, même en les supposant très réels, ne sont-ils pas rachetés par des tableaux pleins de vérité, par l'importance des évènements qui font le sujet de la narration? Que l'on ne s'y trompe pas ; jusqu'ici, Plutarque n'a pas été égalé ; on peut avancer, sans crainte, qu'il ne le sera jamais.

Ses admirables parallèles sont le travail d'un sage accoutumé à juger sainement des passions humaines. Rien ne semble lui causer de la surprise ; aussi distribue-t-il la louange ou le blâme sans la moindre exagération. Il raconte de la meilleure foi possible tout ce qu'il rappelle dans sa mémoire, et mêle à son récit des réflexions judicieuses et de solides maximes. On le compare

à un fleuve dont les eaux coulent tranquille-
ment au sein d'une plaine délicieuse, qu'elles
arrosent et fertilisent. Peu d'ouvrages historiques inspirent plus d'intérêt que le sien. On y
voit d'abord les deux nations les plus célèbres
de l'antiquité, l'une, par les arts et les œuvres
du génie; l'autre, par sa puissance et sa grandeur, rivalisant d'efforts pour s'élever au faîte
de la gloire. Puis, les portraits des grands
hommes qui ont exercé sur chacune d'elles une
heureuse ou funeste influence, passent successivement sous les yeux du lecteur. Quel vaste
champ de méditations! Tout ce qu'ont fait ces
hommes extraordinaires nous frappe d'étonnement. L'un a donné des lois à ses concitoyens;
l'autre a poli ou réformé leurs mœurs; un
troisième les a préservés de l'humiliation de
subir un joug étranger; cet autre les a poussés
aux conquêtes. Celui-ci a détourné les orages
qui menaçaient sa patrie; celui-là n'a pas craint
d'allumer l'incendie qui devait embraser la
sienne. Tous ont été doués d'une résolution
ferme, d'une grande force de caractère, et se
sont rendus fameux par de rares qualités ou des
crimes énormes. La plupart ont péri de mort
violente, au milieu des excès produits par les
passions qu'ils avaient eux-mêmes soulevées.

L'histoire moderne est loin de présenter un

aussi beau spectacle. Aucun des personnages illustres qu'elle met en scène, de quel rang qu'on le suppose, ne s'est trouvé dans une situation comparable à celle de Solon, terminant l'anarchie d'Athènes par la promulgation d'un code de lois, longtemps observées dans cette république; de Lycurgue, arrachant d'un seul coup les Spartiates à leur mollesse et les soumettant à un régime dur, afin de les rendre capables de conserver leur indépendance; de Thémistocle, renversant, près de Salamine, les ambitieux desseins de Xerxès; de Marius, taillant en pièces les Cimbres prêts à envahir l'Italie.

Mais bien que nos annales offrent moins de richesses que celles des peuples de l'antiquité, les écrivains ne doivent cependant pas renoncer à l'espoir d'y puiser d'utiles matériaux. Il est honteux d'ignorer l'histoire de son pays; et puisque les actions des grands hommes y tiennent une place essentielle, il devient nécessaire d'écrire leur vie. Sans doute, celui qui tenterait cette entreprise, resterait à une grande distance de Plutarque : il y a si peu de proportion entre les sujets, qu'il lui serait loisible de choisir et ceux qu'a traités cet immortel biographe !

Chaque nation a toutefois ses héros, dont elle peut célébrer les exploits. Quel est le peuple qui n'a pas connu les biens ou les maux qu'amènent les révolutions , ces crises politiques, durant lesquelles s'élèvent les hommes capables d'exécuter de grandes choses! Ce n'est pas certainement celui qui, déployant l'étendard de la liberté dans les montagnes du nord de l'Espagne, arrêta l'élan fanatique des Arabes, et parvint, non seulement à conserver son indépendance, tandis que le reste de la péninsule gémissait sous la plus cruelle oppression , mais encore à forcer ses ennemis d'abandonner la majeure partie de leurs conquêtes. Sans alliance, sans appui d'aucune espèce, affaibli par la division de son territoire en plusieurs états, et par l'imprudente rivalité des souverains de ces petites monarchies, il soutint cependant contre les Musulmans, qui recevaient de continuels secours d'Afrique, une lutte de sept siècles , qui ne fut qu'une longue suite de périls, de combats, de victoires et de triomphes. L'étranger repassa enfin la Méditerranée. Alors, comme on voit le feu qui a long-temps couvé sous la cendre , éclater soudainement et jeter des flammes qui s'étendent au loin; de même on vit les Espagnols, qui ne pouvaient plus faire la guerre chez eux, la porter au dehors, soumettre à leur domination une partie de l'Europe, tenir l'autre dans une perpétuelle appréhension, se lancer sur des mers inconnues et découvrir un nouveau monde, à l'extrême surprise de l'ancien.

La nation espagnole n'a pu jouer un si bril-
lant rôle, sans être dirigée par des hommes qui
joignaient l'énergie, l'audace et la constance à
de sublimes vertus, peut-être à des vices adroi-
tement déguisés, qui leur procuraient sur la
multitude un égal ascendant.

Cet ouvrage a pour objet de faire connaître
ces génies supérieurs. On en a écarté la vie des
rois, parce qu'elle occupe la principale place
dans l'histoire, et qu'elle est, par ce motif, assez
connue. Mais on se tromperait, si l'on croyait
y trouver la solution de toutes les questions dou-
teuses que, faute de documents authentiques,
nos annales présentent jusqu'à ce jour. Au lieu
d'offrir une lecture agréable et de renfermer une
utilité morale, double but que s'est proposé l'auteur, ce livre ne serait autre chose qu'une pure
compilation, qu'un amas de recherches, propres
tout au plus à fournir de nouveaux sujets de
controverse aux érudits. Pour établir la proba-
bilité des faits historiques, on a consulté les
écrivains les plus accrédités; leur nom est in-
diqué au commencement de chacune des vies
dont se compose cette production. Le lecteur
pourra s'assurer de l'exactitude du travail, en
recourant aux mêmes sources. Soit négligence
ou fatalité, nous n'avons pas profité des précieux
matériaux enfouis dans les archives publiques

2

ou dans les bibliothèques particulières. Lorsqu'ils auront été mis en œuvre par une main habile, bien des erreurs seront relevées, bien des détails cesseront d'être ignorés et serviront à l'histoire économique et politique de l'Espagne, qui, selon le sentiment de nombre de savants, reste encore à faire. Alors aussi, nos héros, mieux appréciés sans doute, pourront être peints avec une plus grande délicatesse de pinceau; mais en attendant, la jeunesse verra dans cet essai, qui lui est destiné, le résultat d'une entreprise, qui, du moins nous le pensons, n'avait jamais été tentée.

Les portraits de nos hommes illustres, sortis des presses de l'imprimerie royale, avec un luxe de typographie peu ordinaire, ont été publiés dans une intention différente. Les gravures en forment la partie essentielle; les sommaires des actions de chaque personnage n'y tiennent qu'un rang très secondaire. On se fait difficilement l'idée d'un géant à la vue d'une miniature. Si, quelquefois, les traits principaux de la vie d'un homme célèbre, y sont exposés avec une certaine étendue, à cause de sa haute renommée, il n'en est pas de même de son éducation, de ses progrès dans la carrière qu'il a parcourue, des obstacles contre lesquels il a eu à lutter, des moyens qu'il a employés pour les vaincre.

tout autant de circonstances qui constituent le grand homme et le font ressortir au-dessus du vulgaire.

On a remarqué deux autres défauts dans cette publication. Le premier, c'est la multiplicité des portraits. Il est évident qu'on a travaillé sans plan; mais on ne distribue pas comme on veut la gloire et l'immortalité; et tel homme véritablement éminent, compris dans cette longue nomenclature, rougirait de la compagnie qu'on lui a donnée. Le second défaut, c'est le ton laudatif qui règne habituellement dans les notices. Rien n'est plus contraire à la dignité de l'historien que d'exagérer le bien et de dissimuler le mal; il se place dans la fâcheuse alternative de n'inspirer aucune confiance ou de tromper ses lecteurs.

L'auteur de cet ouvrage a tâché d'éviter ces deux écueils. La célébrité des héros dont il a entrepris d'écrire les vies, est attestée par l'histoire et par la tradition; les actions de nul d'entre eux ne démentent le titre du livre. C'est le Cid Campeador, de qui le nom est devenu parmi nous synonyme d'héroïsme et de vaillance : Guzman-le-Bon, égal en grandeur d'âme, en patriotisme aux plus fameux personnages de l'antiquité; Roger de Lauria, le plus habile marin qui ait paru depuis les Carthaginois jusqu'à Christophe Colomb ; le prince de Viana, si intéressant par la noblesse de ses sentiments, ses talents littéraires, et plus encore par ses malheurs ; prince, digne de regret, que sa naissance destinait au trône, et qui mourut, à la fleur de l'âge, victime d'une injuste et cruelle persécution ; c'est enfin Gonzalve de Cordoue, le plus illustre capitaine du quinzième siècle, qui introduisit dans la milice espagnole cette excellente discipline qui la rendit invincible pendant deux cents ans, conserva des mœurs douces et pures à la tête des armées, et jusqu'à ce moment est resté le plus parfait modèle à proposer aux guerriers qui seraient tentés de confondre le courage avec la férocité.

Tels sont les hommes dont les vies font la matière de ces deux volumes. Elles sont écrites sans haine, comme sans partialité, sur le témoignage des historiens les plus dignes de foi. On trouvera peut-être qu'il y a des actions et des personnes sévèrement jugées. Mais l'histoire ne serait plus utile et descendrait au niveau d'une froide et simple gazette, si elle ne pouvait tenir en toute occasion un langage sincère. On doit avoir pour les hommes vivants la déférence et les égards qu'exigent les rapports sociaux ; les hommes morts n'ont droit d'attendre que justice et vérité. D'autre part, les mêmes censures se rencontrent dans presque tous nos ouvrages : seulement, elles y sont un peu plus voilées. A mesure que les faits s'éloignent, ils deviennent plus accessibles à la saine critique ; et je ne vois pas pourquoi nous ne jouirions pas sur ce point, au dix-neuvième siècle, de la liberté de discussion qui n'a pas été refusée, dans le seizième, à Zurita, à Mariana et à Mendoza.

Je ne me permettrai de rien dire du système particulier de composition que j'ai adopté, de la forme de la narration, du style, ni du choix des expressions, que j'ai puisées dans notre langue. Toute observation là-dessus serait superflue. Le public, juge suprême en cette matière, prononcera sans appel. Il approuvera ou blâmera mon travail, peut-être aussi sera-t-il assez indulgent pour me pardonner les erreurs dans lesquelles je puis être tombé par le désir de lui devenir utile, seul motif qui m'ait conduit à prendre la plume.

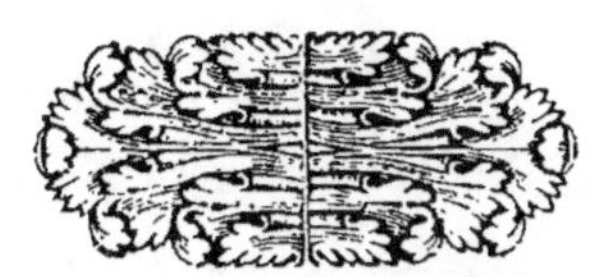

LE CID.

VIES

DES ESPAGNOLS CÉLÈBRES.

LE CID. *

L'HISTOIRE des premiers temps de notre monarchie est couverte de nuages, à travers lesquels l'œil de la critique a de la peine à démêler le vrai du faux. Tout y est brouillé : les détails qui peignent les hommes et l'examen des mœurs y sont négligés. C'est à l'aide de sèches chroniques, de notices contradictoires, de chartes ou de titres, dont le texte est controversé, de traditions vagues et confuses, seuls monuments que nous aient légué nos aïeux, qu'il faut essayer de saisir le fil des événements. Lorsqu'après de longues recherches, on croit

---

* Auteurs consultés : Risco, *Histoire du Cid.* — Sandoval, *Histoire des cinq rois.* — Mariana, *Chronique générale.* — Escolano, *Histoire de Valence.*

être parvenu à établir la certitude d'un fait historique, de nouveaux doutes s'élèvent, la vérité disparaît, et l'écrivain laborieux est réduit à s'en tenir aux probabilités, souvent même aux simples conjectures.

A cette époque de ténèbres, apparaît un héros aux proportions colossales, dont les exploits célébrés par les romanciers et devenus le sujet de mille contes populaires, offrent un travail difficile à l'historien. C'est Rodrigue Diaz, appelé communément le Cid, ou le Seigneur, et Campeador, ou le vaillant, guerrier sans égal, objet de l'admiration des peuples et d'éternelles disputes entre les érudits, lesquels rejettent comme incroyables et mal établis nombre de hauts faits qui lui sont attribués, et se voient cependant forcés d'en admettre d'autres qui ne sont guères moins extraordinaires.

On ne peut toutefois le dissimuler, la plupart des fables que le goût du merveilleux ajoute aux actions du Cid, sont à tel point accréditées, que l'histoire de ce fameux capitaine, dépouillée de cet accessoire, comme celle que nous présentons maintenant au public, ne paraîtra plus être la sienne : on la trouvera trop nue, privée de tout intérêt. On aime à se représenter Rodrigue signalant par des traits héroïques ses premiers pas dans la carrière de la gloire. C'est avec une sorte de plaisir qu'on se rappelle dans la mémoire son duel avec le vieux comte de Gormaz; l'amour de la fille de ce dernier pour le jeune chevalier, combattu dans son cœur par le désir d'une légitime vengeance, qui ne lui laisse voir dans son amant, que le meurtrier de son père; la victoire de cet illustre guerrier sur cinq rois Maures, qui, dans leur étonnement, lui défèrent sur le champ de bataille le titre de Cid, ou de Seigneur; sa brillante expédition au-delà des Pyrénées, pour défendre l'indépendance de la Castille contre les prétentions orgueilleuses de l'empereur d'Allemagne. Mais ce ne sont là que des aventures imaginaires, dès long-temps abandonnées aux auteurs de nouvelles et de romans, ou reléguées au théâtre, où l'on sait qu'elles ont fourni le sujet d'œuvres inimitables. La vie du Cid, bornée aux seuls faits dont l'authenticité ne peut être mise en doute, n'en sera que plus digne de l'attention des lecteurs.

Rodrigue Diaz naquit à Burgos, vers le milieu du onzième siècle. Il était fils de don Diégo Lainez, l'un des habitants les plus distingués de cette ville, et comptait parmi ses ancêtres don Diégo Porcelos, comte de Castille, et don Lain Calvo, un de ses deux premiers juges. Cette contrée obéissait alors à Ferdinand Ier

qui réunit sous son sceptre le royaume de Léon et la Galice, et jeta les fondements de la puissance de la nation castillane, qui, dès ce moment, occupa le premier rang dans la péninsule. Ce monarque eut cinq enfants, à chacun desquels, il voulut laisser une portion de ses états. Ni le souvenir des calamités qui avaient été la suite d'un semblable partage fait par Sanche-le-Grand, son père ; ni les représentations des hommes sages et prudents, qui se trouvaient à sa cour, ne purent le détourner de son dessein. La tendresse paternelle prévalut dans son cœur sur tout autre sentiment ; mais ses dispositions testamentaires devinrent un germe de discorde dans sa famille, et plongèrent ses sujets dans un abîme de maux. Il avait assigné la Castille pour lot à Sanche, son fils aîné ; à Alphonse, le second, Léon avec les Asturies ; la Galice au troisième, nommé Garcie. Ses deux filles, Urraque et Elvire, devaient avoir, l'une, la ville de Zamora ; l'autre, celle de Toro. Rempli du désir de maintenir l'union entre les co-partageants, il leur fit jurer de respecter ses volontés. Vaine précaution ! Après qu'il eut fermé les yeux, Sanche plus puissant, plus hardi, plus habile, mais aussi plus ambitieux que ses frères, ne songea qu'à les dépouiller de leur apanage.

Rodrigue, orphelin de très bonne heure, était élevé dans le palais royal (1065). On reconnaissait ainsi les longs services de son père. Son éducation ne différa pas de celle que recevait la jeune noblesse, destinée au métier des armes. Sanche porta la guerre en Aragon. Rodrigue l'accompagna dans cette expédition, et y donna des preuves éclatantes de valeur. A l'issue de la bataille de Grados, où le roi Ramire Ier fut vaincu et frappé d'un coup mortel, le roi de Castille, qui, plein d'estime pour le courageux Diaz, l'avait tout récemment armé lui-même chevalier, lui conféra la dignité d'Alferez-Mayor ou de grand-enseigne du royaume, la première de la milice, avant sa réunion à celle de connétable.

De retour en Castille, Sanche reprit avec ardeur ses projets d'agrandissement. Les historiens, peu d'accord entre eux, n'aident pas à découvrir quel fut celui de ces co-héritiers qu'il chercha d'abord à déposséder. Il est vraisemblable qu'il commença par attaquer Alphonse, dont les domaines confinaient avec les siens et les séparaient de ceux de Garcie (1). La lutte n'était pas

---

(1) La conjecture que forme ici Quintana n'est pas bien fondée. La plupart des auteurs conviennent au contraire que les premiers efforts de Sanche se dirigèrent contre le roi de Galice. (*Note du Traducteur.*)

égale. Le roi de Castille, vif, entreprenant, consommé dans l'art militaire, se trouvait à la tête d'une puissante armée ; celui de Léon, doux, modéré, sans expérience dans la guerre, ne pouvait d'ailleurs rassembler des forces aussi considérables. L'approche du danger électrisa néanmoins l'ame de ce dernier. Il vola à la frontière pour repousser la plus injuste des agressions. Battu par son rival, il leva de nouvelles troupes, et vint lui présenter une seconde fois le combat, à la vue de Carrion de los Condes. Sanche fut entièrement défait. Rodrigue, dont ce désastre n'abattit point le courage, pressa le roi de rallier ses soldats et de fondre la nuit même sur ses vainqueurs. « Ces gens-là, lui « dit-il, éblouis d'un succès inespéré, s'aban- « donneront imprudemment aux douceurs du « repos ; leur sécurité favorisera votre ven- « geance. »

Sanche suivit ce conseil. Avant le point du jour, les Castillans entrèrent à l'improviste dans le camp des Léonais, où ils n'eurent que la peine de tuer et de faire des prisonniers. Alphonse se sauva dans l'église de Carrion. il en fut violemment arraché, contraint de renoncer à la couronne et de s'exiler à Tolède, ville soumise à la domination des Maures.

Après la conquête du royaume de Léon,

Sanche tourna ses armes contre la Galice (1071).
Cette guerre, moins longue et moins opiniâtre
que la précédente, eut les mêmes résultats. Il
s'en fallut peu cependant qu'elle ne devînt fatale au roi de Castille. Garcie se reposait du
soin des affaires sur un ministre avare, dur,
impérieux. Les Galiciens étaient accablés d'impôts, exposés à des vexations sans nombre. Leur
respect pour l'autorité royale étouffa quelque
temps leurs plaintes ; mais enfin, poussés à bout,
ils s'assemblèrent tumultueusement, et massa-
crèrent, sous les yeux du roi, le favori dont
les violences despotiques avaient lassé leur pa-
tience et provoqué leur fureur. Le désordre
cessa quand les Castillans parurent ; mais il était
déjà trop tard. On ne put leur opposer qu'une
faible résistance. Garcie se retira en Portugal
avec ceux de ses sujets qui consentirent a partager sa mauvaise fortune. Il tenta un dernier
effort près de Santarem. Cette fois, les Galiciens,
animés par son exemple, combattirent avec a-
charnement pour leur indépendance menacée.
Ils se flattèrent un moment de l'espoir de vaincre. Sanche se laissant emporter à son ardeur,
se jeta dans le fort de la mêlée, et cerné par un
gros d'ennemis, il ne put plus se dégager. L'é-
pouvante se mit aussitôt dans son armée. Le roi
de Galice confia ce prince à la garde de l'élite

de ses chevaliers et poursuivit vivement les fuyards.

Tandis qu'il s'éloignait ainsi du champ de bataille, le Cid, qui commandait un corps de réserve, se porta vers le lieu où Sanche était retenu captif; il le délivra et se joignit à lui pour courir après don Garcie. Celui-ci, qui revenait déjà sur ses pas, leur épargna une partie du chemin. Une nouvelle action s'engagea, et malgré des prodiges de valeur, le roi de Galice succomba sous l'habileté de ses deux adversaires. Réduit à la triste nécessité de se remettre à la discrétion de son frère, il perdit le sceptre et la liberté. On le conduisit, sous bonne escorte, dans le château de Luna, où il demeura privé de toute communication.

C'est une tâche bien pénible que celle de l'historien appelé à tracer le tableau de ces scandaleux débats. Que ne peut-il les laisser dans l'oubli pour l'honneur de l'humanité! Sanche II, possesseur de la Castille, de la Galice et de Léon, n'était pas satisfait : il convoitait encore les deux places qui formaient tout le domaine de ses sœurs. Il chassa Elvire de Toro, et mit le siége devant Zamora. C'est là que se termina sa carrière agitée. Une ville, défendue par une jeune et timide princesse, fut l'écueil où vint se briser l'arrogance du vainqueur de deux rois. Vellidez-

Dolfos, un des guerriers accourus au secours d'Urraque, sortit de Zamora, sous prétexte de dégoûts essuyés dans son service. Il gagna la confiance de Sanche, et un jour, qu'il avait attiré ce prince hors du camp, en-feignant de vouloir lui montrer l'endroit le plus faible des murailles, il le perça de son épieu , et alla rejoindre aussitôt les assiégés. On raconte que le Cid l'aperçut de loin; que soupçonnant sa trahison, il monta subitement à cheval pour le poursuivre, mais ne put l'atteindre , parce qu'il avait oublié ses éperons; circonstance qui lui faisait dire depuis, qu'un chevalier ne devait jamais négliger cette partie essentielle de son armure.

Mais ne donnons pas à de telles fables une importance dont elles ne sauraient être dignes. Dès qu'on apprit la mort de Sanche, les Léonais et les Galiciens se débandèrent; les Castillans, restés seuls, accompagnèrent le corps du roi au monastère d'Ona, lieu choisi pour sa sépulture.

Cependant, Alphonse, informé de ce grand événement, se hâta de quitter Tolède, et se présenta en qualité d'héritier du roi défunt. Il ne rencontra aucun obstacle dans ses anciens états. En Galice, don Garcie, qui s'était évadé de prison, se préparait à faire valoir ses droits. Il fut arrêté. Le roi de Léon, non moins injuste envers lui que leur frère aîné, le condamna à une réclusion perpétuelle, et se saisit sans coup férir de son royaume.

La Castille offrait plus de difficultés. On y regrettait infiniment Sanche, et l'on refusait de reconnaître son successeur, s'il ne jurait qu'il n'avait eu aucune part à son assassinat. Alphonse consentait à protester solennellement de son innocence, mais nul des grands du royaume n'osait recevoir son serment, de crainte d'encourir sa disgrâce. Le seul Rodrigue se sentit le courage de remplir, dans l'intérêt de l'honneur national, cette délicate mission. Le roi parut dans l'église de Sainte-Agathe de Burgos, au milieu de toute la noblesse castillane. Après qu'il eut posé les mains sur un Missel ouvert, placé à cette fin sur le maître-autel, « Roi Alphonse, lui dit le jeune « Diaz, jurez-vous que vous n'avez nullement « participé à la mort de don Sanche, soit par « mandat, soit par conseil?.. Si vous trahissez « la vérité, plaise à Dieu que vous éprouviez « le sort de votre frère, et que vous receviez « la mort de la main d'un vilain, non de celle « d'un chevalier. »

Alphonse prononça deux fois la formule de ce serment, et douze Seigneurs léonais, garants de sa loyauté, la répétèrent après lui. Ainsi l'avaient exigé les Castillans. Alphonse s'était soumis par nécessité ; mais on voyait sur son visage des signes non équivoques d'une profonde émotion. Le soupçon qu'élevait l'assemblée et la hardiesse du Cid ne pouvaient que blesser sa fierté !

Quelques écrivains regardent cette narration comme entièrement fabuleuse. Mais outre que les raisons dont ils étayent leur opinion, sont loin d'être convaincantes, les faits sont ici en parfaite harmonie avec les mœurs du temps ; ils font ressortir le noble caractère de Rodrigue et indiquent les causes de la haine que le roi porta toute sa vie à ce héros.

Alphonse **usa** d'abord de dissimulation : la prudence ne lui conseillait pas de laisser éclater son ressentiment. Rodrigue, allié à la famille royale par son mariage avec dona Chimène Diaz (Ximena), fille d'un comte des Asturies, jouissait d'une grande considération. Il accompagna le roi dans plusieurs voyages ; il figura comme champion dans nombre d'affaires importantes, qui, selon la jurisprudence alors suivie, devaient se décider par la voie des armes ; il fut aussi choisi pour aller à Séville et à Cordoue recevoir les tributs auxquels avaient été assujettis les souverains de ces deux grandes cités.

Benabet, roi de Séville, et le roi, ou plutôt l'émir ou le wali de Grenade se faisaient une guerre opiniâtre. Sous les bannières du dernier servaient des chevaliers chrétiens, qui s'avançaient vers la capitale des états de son ennemi, lorsque le Cid y arriva de son côté. Il leur ordonna de s'abstenir de toute hostilité envers le prince, devenu feudataire de la Castille. Loin de lui obéir, ces guerriers, accoutumés à ne prendre conseil que d'eux-mêmes, ravagèrent les possessions du roi maure, chargèrent de chaînes tous ceux de ses sujets qu'ils trouvèrent sans défense. Rodrigue n'hésita pas à leur faire sentir le poids de son courroux. Il marcha contre eux, à la tête de la milice sortie des murs de Séville, les joignit près du château de Cabra, et vengea par leur défaite son autorité méconnue.

Benabet échappait à un péril évident. Il combla d'honneurs et de présents son généreux protecteur, et celui-ci reprit aussitôt le chemin de sa patrie.

L'envie ne tarda pas à l'y persécuter. Alphonse était passé en Andalousie, pour réprimer les entreprises des Arabes, établis dans cette contrée. Rodrigue, atteint d'une maladie grave, n'avait pu le suivre. Les Maures d'Aragon profitèrent de l'absence du roi; ils entrèrent en Castille, surprirent et saccagèrent San-Estevan de Gormaz, place forte sur le Douéro. Quoique à peine convalescent, Rodrigue alla les combattre;

il les obligea de lui abandonner le riche butin dont ils étaient chargés, les mit en fuite, les poursuivit jusqu'aux environs de Tolède, où ils se retirèrent, et leur fit sept mille prisonniers.

Cette expédition servit de prétexte à ses ennemis pour lui nuire auprès d'Alphonse VI. Il s'était présenté à main armée sur les terres du roi de Tolède, allié de la Castille. On s'empressa de dire qu'il avait violé les traités d'amitié qui unissaient les deux souverains; que, par sa faute, les Castillans pouvaient se trouver engagés dans une guerre à la fois injuste et malheureuse, si les Musulmans offensés usaient de représailles. Ces discours achevèrent d'indisposer Alphonse. Il donna l'ordre au Cid de quitter la Castille; et l'illustre chevalier s'éloigna avec un petit nombre de parents et d'amis, résolus de partager sa fortune.

La puissance des Maures, d'abord si formidable, déclinait sensiblement (1076). Après l'extinction de la race des Ommiades, dont sortaient les Califes de Cordoue, l'empire de ceux-ci avait été démembré. Chaque province, chaque cité, chaque bourg fortifié eut dès-lors son roi ou seigneur indépendant. La plupart de ces dynastes nouveaux devinrent tributaires des chrétiens. Amollis par le climat et par les voluptés, affaiblis par des guerres intestines, ils n'inspiraient plus à l'Europe le moindre effroi.

Nos princes, au contraire, plus belliqueux et plus vaillants, étendaient journellement leurs domaines et consolidaient leur pouvoir. En considérant la position des deux peuples, à cette époque, on est étonné que nos aïeux aient tardé si longtemps à chasser les Arabes de la péninsule. Mais la désunion des rois espagnols, l'impolitique usage où ils étaient de partager leurs états entre leurs enfants, leurs fréquentes alliances avec les infidèles, l'appui qu'ils avaient l'imprudence de leur prêter dans leurs querelles particulières, formaient autant d'obstacles, qui s'opposaient au prompt affranchissement de l'Espagne.

Dans un tel état de choses, il n'est peut-être pas difficile de supposer, malgré l'éloignement des temps et la diversité des relations, quelle dut être la conduite du Cid après son exil. Quand un pays se trouve divisé en petites souverainetés, jalouses et ennemies les unes des autres, il n'est pas rare d'y voir des hommes courageux et hardis, qui s'élèvent par leur propre mérite, se créent une existence au milieu des hasards de la guerre et attendent tout du secours de leur épée. Si la victoire couronne leur audace, les guerriers accourent de toutes parts sous leurs bannières; leur célébrité s'accroît avec le nombre de leurs soldats : espèce de rois

vagabonds, qui n'ont d'autorité réelle que dans
leur camp; qui néanmoins commandent dans
tous les lieux où ils sont les plus forts, et dont
les roitelets de la contrée, qui les redoutent,
ou ne peuvent se passer d'eux, achètent la neu-
tralité ou les services, par de riches présents
ou de grandes humiliations. Celui qui prend à
leur égard une attitude hostile, ne se garantit
pas aisément des traits de leur fureur. Lorsque
nul souverain ne les soudoie, ils ne se font pas
scrupule de suivre dans toute sa rigueur cette
terrible maxime : la guerre doit entretenir la
guerre. Ils ravagent les provinces, rançonnent
le peuple, pillent indistinctement amis et ennemis. Regardés souvent comme des héros,
d'autres fois comme des brigands, suivant que
la fortune leur est favorable ou contraire, ils
s'attirent tantôt l'admiration, tantôt la haine du
public. Tels furent quelques généraux allemands,
durant les grandes commotions du dix-septième
siècle; tels encore, deux cents ans auparavant,
les capitaines connus en Italie, sous le nom de
Condottieri; et tel aussi dans son temps, parut
sans doute le Cid, qui, nous pouvons le dire
sans crainte, acquit cependant plus de gloire et
montra plus de probité.

Les nouvellistes lui attribuent une longue suite
de brillants exploits dont les documents his-

toriques de ce siècle ne font aucune mention. Ce sont des faits inventés à plaisir. Nos annales, touchant cette seconde partie de la vie du Cid, ne parlent, à quelques exceptions près, que de ses courses dans le nord et l'est de l'Espagne, de ses combats particuliers contre une multitude de chevaliers arabes et chrétiens, des petites entreprises auxquelles il eut part; le tout énoncé sans la moindre variété. On essaierait vainement de rendre ce récit intéressant. Nous épargnons au lecteur l'ennui d'en suivre les minutieux détails; il suffira de lui en offrir une courte analyse.

En sortant de la Castille, Rodrigue alla d'abord à Barcelone. De là, il tourna vers Saragosse, où régnait le maure Almoctader. Ce prince mourut bientôt après. Son royaume fut divisé entre ses deux fils. Almuctaman, l'aîné, s'établit à Saragosse; le second, appelé Alfagib, à Denia. Rodrigue s'attacha au premier et défendit glorieusement sa capitale contre les attaques réitérées de son frère, de Sanche-Ramirez, roi d'Aragon, et de Bérenger, comte de Barcelone. Il tint depuis un rang très distingué à la cour d'Almuctaman.

Au décès de ce monarque, il retourna en Castille. Alphonse VI venait de faire la conquête de Tolède (1088). Dans l'excès de sa joie, il l'accueillit avec toutes les démonstrations de l'amitié. Il l'exhorta à courir de nouveau sur les terres des infidèles, et lui concéda d'avance la souveraine propriété des villes et des châteaux dont il pourrait se saisir.

Rodrigue leva une armée de sept mille hommes, avec laquelle il suivit, à partir de la montagne d'Albarazin, le cours du Guadalaviar. Il obligea le comte Bérenger à lever le siége de Valence, soumit le petit roi, qui gouvernait cette ville, au paiement d'un tribut annuel, et marcha ensuite sur Requena, place importante, près de la rivière d'Oliana, qui se jette dans le Xucar.

Les Almoravides occupaient alors les côtes orientales et occidentales d'Espagne. Ils semblaient être venus à propos pour redonner du courage aux Arabes, abattus sous le poids de l'adversité. Poussés par le fanatisme et leur inquiétude naturelle, ils étaient sortis du désert de Zahama, conduits par Abubeker, leur chef; ils avaient pénétré dans la Mauritanie, pris Ségelmesse, ville populeuse, au pied du mont Atlas, et porté leurs armes victorieuses jusques sur les bords du détroit de Gibraltar. Juzef-Aben, neveu et successeur d'Abubeker, fonda l'empire de Maroc et s'arrogea le titre d'émir Al-Mumenin ou de souverain des Croyants.

Peut-être cette redoutable tribu serait-elle restée en Afrique, sans l'imprudence de Benabet, qui l'appela en Andalousie, dans l'espoir de parvenir avec son secours à dominer toutes les dynasties musulmanes de la péninsule. Alphonse VI avait épousé Zaïde, fille de Benabet. Cette grande alliance avait exalté l'ambition du roi de Séville; il ne pouvait plus se contenter de régir paisiblement ses états; il voulait à tout prix étendre sa puissance. Le monarque Castillan eut la faiblesse d'appuyer ses desseins.

Juzef envoya une armée en Espagne, sous le commandement d'Ali (1), général très expérimenté, mais encore plus ambitieux. La présence de cette force auxiliaire devint fatale à celui qui l'avait réclamée. Sous un prétexte assez léger, les Almoravides cherchèrent querelle aux sujets de Benabet. On se battit. Le roi maure fut tué dans l'action. Ali se fit proclamer roi à sa place, détrôna plusieurs princes mahométans, et s'affranchit de toute dépendance à l'égard de Juzef.

Deux avantages signalés, qu'il remporta sur les Castillans, l'un à Rueda, l'autre au voisinage de Badajoz, achevèrent de l'éblouir. Il se croyait

_____

(1) La majeure partie des historiens l'appellent Aben-Axa. Il pouvait porter aussi le nom d'Ali; on sait que les Arabes sont surchargés de noms. (*Note du Traducteur.*)

déjà possesseur de toute l'Espagne. Mais Alphonse VI, quoique vaincu, n'était nullement déconcerté. Rassemblant sans délai de nouvelles troupes, il hasarda un troisième combat, et vengea sa double défaite. L'Almoravide s'enfuit à Cordoue. Il y fut assiégé. Pour obtenir la paix et conserver sa couronne, il consentit à se rendre vassal de la Castille.

Mais ce honteux traité ne le sauva pas. Juzef arrivait en Andalousie, dans l'intention de le punir de sa révolte. Il s'empara aisément de Séville et fit trancher la tête à ce perfide officier.

Les chrétiens étaient plus exposés que jamais. Le roi de Maroc se proposait d'étendre ses conquêtes jusqu'aux Pyrénées. Suivi d'une puissante armée, composée de ses soldats et de ceux que lui avaient fournis plusieurs rois, devenus ses tributaires, il parut devant la forteresse de Halaet. Alphonse VI était à Tolède, avec l'élite de ses guerriers. Il chargea le Cid d'aller l'attendre à Beliana, aujourd'hui Villena, où devaient se réunir tout ce qu'il avait d'hommes sur pied. Rodrigue se mit en route; mais, soit négligence ou défaut de calcul, il n'arriva pas à temps. Alphonse avait déjà repoussé l'ennemi. Il ne manqua pas de gens qui lui présentèrent la conduite du Cid comme le résultat d'une coupable pensée. La haine du roi se réveilla;

il condamna Rodrigue à un nouvel exil, et fit emprisonner sa femme et ses enfants.

Rodrigue envoya un écuyer à la cour, pour y défier ceux des seigneurs qui l'accusaient de trahison. Alphonse leur défendit d'accepter le cartel. Bientôt sa colère tomba. Il se reprocha ce déni de justice, et essaya de le faire oublier, en permettant à dona Chimène d'aller rejoindre son époux. Celui-ci ne s'occupa plus dès lors que du soin de rétablir sa fortune (1089).

Ni Alfagib, roi de Denia, ni le comte Bérenger ne pouvaient lui pardonner l'affront qu'avaient reçu leurs armes dans les champs de Saragosse et sous les murs de Valence. Le dernier surtout brûlait du désir de se venger. Il venait d'attaquer le roi de Saragosse, de concert avec Alfagib. Une trève suspendit ces hostilités. La petite armée de Rodrigue, après avoir longé les bords de l'Ebre, et remonté le cours du Xiloca, se trouvait sur des hauteurs qui entourent une des plus jolies vallées du territoire d'Albarazin. Le prince catalan l'assaillit avec des forces supérieures. Il espérait, cette fois, pouvoir écraser facilement le Cid. Dans sa folle présomption, il lui adressa une lettre très offensante : « Vous, dont le courage héroïque, lui « disait-il, méprise tout danger ; vous, qui « ne tenez jamais compte du nombre de vos

« ennemis, pourquoi vous obstinez-vous main-
« tenant à rester sur la cîme des montagnes?
« Voulez-vous imiter les corneilles et les ai-
« gles? N'avez-vous donc nulle confiance en
« la protection divine? Quittez ce poste avan-
« tageux, descendez dans la plaine; nous croi-
« rons alors que vous êtes digne du surnom
« de vaillant. Mais vous n'oseriez approcher.
« Vous n'êtes qu'un traître, qu'un lâche, dont
« nous aurons dans peu châtié l'insolence et
« réprimé les excès. »

Rodrigue lui fit sur-le-champ la réponse sui-
vante : « Ni vous, ni la multitude de vos sol-
« dats, ne m'inspirez de crainte. Vous êtes sem-
« blables à des femmes; vous parlez beaucoup,
« mais vous agissez peu. Les dépouilles que
« je vous ai naguère enlevées, sont là; elles
« montrent lequel de nous deux est le plus
« brave. Je me ris de vos menaces, et vous
« attends. Venez; vous serez reçu comme vous
« l'avez déjà été ailleurs. »

Ce fut par cet échange d'injures que les deux
chefs préludèrent au combat. Contre les règles
de la prudence, le Cid avait négligé d'occuper
une colline isolée, qui dominait son camp. Les
Catalans se saisirent, durant la nuit, de cette
position. Aux premiers rayons du jour, ils se
précipitèrent sur les Castillans, avec des cris

épouvantables. Rodrigue soutint le choc, à la tête d'un corps d'élite. Les assaillants lâchèrent prise et se retirèrent en désordre. On les poursuivit. Rodrigue, n'écoutant que son ardeur, se jeta presque seul au milieu des escadrons ennemis. Il fut aussitôt renversé, foulé au pied des chevaux. Ce malheureux accident rétablit l'équilibre entre les deux armées. On en revint aux mains. La bataille demeura quelque temps douteuse ; mais les efforts des Castillans en déterminèrent le succès. Le Cid, grièvement blessé, avait été dégagé et mis en lieu de sûreté. Les Catalans eurent une infinité de morts ; on leur prit cinq mille hommes, parmi lesquels leur comte et ses principaux officiers.

On conduisit Bérenger dans la tente de Rodrigue. Le changement de sa fortune avait abattu sa fierté. Il descendit aux humiliations, ressource des âmes faibles ; il supplia son vainqueur d'oublier le passé, de lui accorder son amitié. Le Cid jeta sur lui un regard dédaigneux, et se contenta d'ordonner à quelques soldats de l'emmener dans une tente voisine. Là cependant, on rendit au comte de Barcelone les honneurs dus à son rang ; peu de jours après, il obtint même sa liberté.

On traita ensuite de la rançon des autres captifs. Celle des chefs fut promptement fixée.

On eut plus de peine à convenir du rachat des soldats. La plupart étaient pauvres. On leur demandait toutefois une somme assez considérable. Ils allèrent chez eux, à l'effet de se la procurer; mais ils ne purent rapporter qu'une partie de l'argent nécessaire. Ils promirent de payer ce qui manquait, dans un certain délai, offrant, pour sûreté de leur parole, de livrer en ôtage leurs fils ou d'autres membres de leur famille. Rodrigue, touché de leur triste position, les renvoya libres, sans rien exiger : action d'autant plus généreuse, que les artifices de ses ennemis l'avaient réduit à la cruelle nécessité de ne pouvoir faire subsister ses troupes qu'au moyen des bénéfices éventuels de la guerre.

La fortune, lasse de le persécuter, lui r'ouvrit, dans ces circonstances, l'entrée de la Castille. Alphonse VI marchait contre les Almoravides, qui occupaient Grenade et presque toute l'Andalousie. La reine Constance et les amis du Cid invitèrent ce valeureux chevalier à venir joindre le roi, dont, par cette marque de dévouement, il recouvrerait, lui écrivaient-ils, sans difficulté, les bonnes grâces. Rodrigue avait tout nouvellement investi le château de Liria. Bien que la garnison, qui se trouvait dépourvue de vivres, ne pût lui opposer une longue résistance, il leva le siége, et partit aussitôt. Il

rencontra le roi près de Martos, entre Cordoue
et Jaen. Alphonse parut charmé de le revoir
et lui prodigua les témoignages d'une bienveil-
lante estime. Après quelques jours de repos, ils
se dirigèrent ensemble vers Grenade. Lorsqu'ils
furent à portée de cette ville, Alphonse assit
son camp sur une haute colline; le noble guerrier, qui était venu lui offrir ses services, s'é-
tablit au-delà dans la plaine. Cette disposition
déplut au monarque rancuneux. « Voyez, dit-
« il, à ses confidents, voyez comme Rodrigue
« nous brave. Hier, il se tenait derrière nous,
« à la manière d'un homme timide et craintif;
« aujourd'hui, le voilà devant, au poste d'hon-
« neur, croyant sans doute y avoir seul des
« droits. » La réponse des courtisans ne fut
que trop propre à fortifier les soupçons qui s'é-
levaient de nouveau dans son esprit.

Les Almoravides n'osèrent attendre l'armée
chrétienne. Juzef sortit de Grenade et passa en
Afrique, où de pressantes affaires réclamaient
sa présence. Le Roi de Castille, de son côté,
reprit la route de ses états.

Il supportait la vue du Cid avec une impa-
tience qu'il savait mal dissimuler. En arrivant
à Ubéda (1092), il lui adressa des paroles
dures et menaçantes; il lui imputa des crimes
dont l'existence eût mérité une dégradation pu-

blique, peut-être même le dernier supplice. La respectueuse défense du chevalier ne servit qu'à l'irriter. Il roula dans sa tête mille sinistres projets. Rodrigue craignant d'être arrêté, se retira, pendant la nuit, avec la milice qu'il avait amenée.

On ne sait vraiment que penser de la conduite d'Alphonse. Il passait avec juste raison pour un prince éclairé, doux, équitable, généreux. On l'avait vu soutenir sans faiblesse la mauvaise fortune; la prospérité ne lui enflait pas le cœur. C'était sans contredit le meilleur des rois qu'eut alors l'Espagne chrétienne. Et cependant, il ne pouvait souffrir la présence d'un héros dont la valeur ajoutait à l'éclat de son règne et causait de vives et continuelles alarmes aux Musulmans. Etait-ce jalousie, soif de vengeance ou préoccupation d'esprit? On ne saurait le déterminer, à l'aide des chroniques peu concluantes de ces temps reculés; mais les conjonctures dans lesquelles nâquit l'aversion d'Alphonse pour le célèbre Diaz, ne donnent que trop le droit de la regarder comme mal fondée : elle imprime une tache ineffaçable à la mémoire de ce monarque.

Bientôt, plusieurs des compagnons du Cid abandonnèrent sa bannière pour se ranger sous celle du roi. Affligé de cette défection, et sans nul espoir d'être admis à servir sa patrie, il se jeta, avec ce qui lui restait de fidèles amis, sur les terres de Valence, dans le dessein d'y former un solide établissement. Il prit d'abord le château de Pinacatel, et en augmenta les fortifications. D'autres places, devant lesquelles il se présenta successivement, se rendirent par composition. Ces conquêtes, qui lui procuraient le moyen d'en faire encore de plus importantes, répandirent la terreur parmi les Maures; les petits rois de la contrée offrirent de le reconnaître pour leur suzerain et de le suivre dans toutes ses entreprises.

Peu de mois après, le roi d'Aragon, qui, depuis longtemps, convoitait la possession de Saragosse, attaqua cette grande place et l'emporta de vive force, malgré le courage que déployèrent ses défenseurs. Rodrigue accourut et chassa les Aragonais. Le souvenir des bienfaits dont l'avait autrefois comblé le fils aîné d'Almoctader, le guida dans cette rencontre. Les Arabes exaltèrent sa gloire et sa loyauté. Ces éloges et les succès qui continuèrent à signaler tous ses pas, l'enorgueillirent. Il conçut un souverain mépris pour les ennemis qu'il avait laissés en Castille, et résolut d'humilier le plus acharné d'entre eux.

C'était don Garcia Ordonez, comte de Naxera, gouverneur de la Rioja. Une haute naissance, ses alliances avec la maison royale, des services

essentiels rendus à l'état et ses immenses richesses, l'élevaient au-dessus de tous les seigneurs
castillans. Cette prééminence ne suffisait pas à
sa vanité; il était jaloux de la brillante renommée du Cid ; il redoutait surtout de le voir
reparaître en Castille, et ne cessait de le calom-
nier auprès du roi. Pour le faire repentir de
ses mauvais procédés, Rodrigue entra dans la
Rioja (1094), suivi de ses plus braves soldats.
Il ruina les campagnes, brûla ou saccagea les
villages, massacra sans pitié leurs habitants.
Quelle barbarie n'y avait-il pas à punir sur ces
infortunés cultivateurs les délits ou les fautes du
comte de Naxèra! Mais quand donc les petits
et les faibles ont-ils été différemment traités?
Ne les a-t-on pas vus toujours victimes des
passions et des querelles des grands ou des puis-
sants de la terre.

Rien ne put arrêter ou suspendre la marche
rapide du Cid. Les villes d'Albérite et de Lo-
grono furent contraintes de lui ouvrir leurs
portes; la forteresse d'Alfaro, bloquée aussitôt
après, n'attendit pas l'assaut.

Don Garcia rassembla au plus vite la milice
du pays et chargea un héraut d'aller dire à
Rodrigue que son audace ne demeurerait pas
certainement impunie, s'il ne s'éloignait dans
le délai de sept jours. Le Cid n'eut garde de
bouger. Le comte s'avança vers lui ; mais au

moment d'en venir à une action, ses troupes effrayées, se dispersèrent de tous côtés.

Notre héros se trouvait satisfait. Il retourna incontinent à Saragosse, où il apprit que les Almoravides occupaient Valence.

Valence était alors comme aujourd'hui une des plus belles et des plus célèbres cités d'Espagne. Sa situation, près de la mer, au milieu d'une plaine fertile et délicieuse, jointe à la douceur de son climat, lui avait fait donner chez les Maures le nom de paradis terrestre. Mais les avantages qu'elle tenait de la nature, disparaissaient, pour ainsi dire, sous la mauvaise administration et par l'effet des divisions intestines de ces conquérants. On l'avait toujours considérée comme une dépendance du royaume de Tolède. Sous le règne d'Alménon, qui offrit une gracieuse hospitalité à Alphonse VI, elle était gouvernée par Abubeker, noble Arabe, dont la sagesse rémédia en partie aux maux publics. Cet émir mourut après la prise de Tolède. Les Valenciens, les larmes aux yeux, l'accompagnèrent au tombeau, en s'écriant : « La lumière qui brillait dans la cité, s'est « éclipsée; désormais, il ne luira plus pour nous « de beaux jours. »

Hiaia, fils d'Alménon, chassé de sa capitale par les Castillans, vint prendre la place d'Abubeker. Avec lui, tous les genres de calamités entrèrent dans Valence. Il est rare qu'un roi dépossédé de ses états, et qui entreprend d'en régir d'autres, sache mieux qu'auparavant faire respecter son autorité. Hiaia, prince dépourvu de génie, eut un règne malheureux. Les rois de Saragosse et de Denia s'unirent contre lui pour le dépouiller. Les armes du Cid le préservèrent d'une ruine soudaine; mais elles ne purent le mettre à couvert de la haine de ses nouveaux sujets, accablés sous le poids des impôts, parce qu'il fallait payer chèrement la protection des chrétiens.

Lorsque don Rodrigue passa dans la Rioja, les Maures de Valence appelèrent les Almoravides. Cette résolution leur fut inspirée par l'alcaïde Abenjaf, qui ayant convoqué les principaux scheiks ou chefs des tribus, la leur présenta comme le seul moyen de briser le joug d'Hiaia et d'échapper à l'influence prépondérante du Cid. Les bandes africaines ne tardèrent pas à paraître sur la rive méridionale du Guadalaviar. Elles avaient déjà pris Murcie, Orihuéla et Denia. A leur aspect, Hiaia, tremblant de frayeur, essaya de se sauver, déguisé sous des habits de femme. Il gagna de cette sorte une maison isolée, voisine de la ville; mais il y fut surpris par Abenjaf, qui lui coupa la tête et fit jeter son cadavre sur un fumier : fin déplorable, à laquelle devait s'attendre un monarque faible, indolent, qui n'avait su jamais se conduire ni en roi ni en homme.

Le désir de venger le meurtre de son allié, l'espoir d'arracher aux Almoravides leur nouvelle conquête, ramenèrent le Cid dans le territoire de Valence. Il s'empara sans difficulté du château de Cebolla ou Jabella, élevé sur une haute colline, où l'on ne montait que par un étroit et rude sentier. De là, ses troupes, pleines d'ardeur et de confiance, se répandirent dans les campagnes environnantes; elles brûlèrent les moissons, pillèrent les bourgs, détruisirent les nombreuses habitations champêtres, qui couvraient ce beau pays. Les Almoravides, renfermés dans leurs murailles, demeuraient tranquilles spectateurs de ces ravages. Le Cid, qui ne se proposait que de les attirer au combat, voyant l'inutilité de ses provocations, marcha directement sur Valence.

Juzef, toujours retenu en Afrique, avait écrit à Rodrigue pour lui défendre d'approcher de cette ville; il le menaçait de sa colère, en cas d'une trop tardive retraite. Le chevalier, que n'avait jamais intimidé l'arrogance de ses ennemis, n'en poursuivit pas moins son dessein. Il commença par emporter le faubourg dit de Villanuéva; il investit ensuite, avec une partie de ses forces, celui d'Alcudia, tandis que l'autre se dirigeait vers une des portes de la ville, désignée sous le nom d'Alcantara. Les Maures se défendirent d'abord vaillamment. Les chrétiens s'avançaient au milieu d'une grêle de pierres et de flèches, lancées du haut des remparts. La deuxième division se rebuta. Quoique utilement occupé sur l'autre point de l'attaque, l'impétueux Rodrigue vola de ce côté. Sa présence échauffa l'enthousiasme et ranima la valeur des soldats. Ils revinrent subitement à la charge. Bientôt les deux corps rapprochés par un mouvement simultané, réunirent leurs efforts contre l'Alcudia, et parvinrent, après une lutte opiniâtre, à en franchir les murs. Les Musulmans, saisis d'un mortel effroi, cessèrent toute résistance. Les uns jetaient bas leurs armes et se laissaient égorger, comme entraînés par une inévitable fatalité; les autres imploraient à genoux la pitié de leurs vainqueurs. Rodrigue, ému jusqu'aux larmes, ordonna qu'on les épargnât et leur accorda même généreusement la liberté, avec l'entière disposition de leurs biens.

Les deux faubourgs tombés au pouvoir des chrétiens, où les vivres commençaient à manquer, se trouvèrent aussitôt abondamment pourvus de tout ce qui est nécessaire aux besoins de la vie. La ville, au contraire, éprouva la plus cruelle disette. Les Maures découragés, proposèrent à Rodrigue de lui livrer la place, dans le délai de deux mois, si Juzef ne leur envoyait avant cette époque, un puissant secours. Le Cid accepta cette offre.

Pendant l'armistice, il retourna, chargé de riches dépouilles, dans le château de Pinacatel, d'où il alla dévaster les environs d'Albarazin, ville soumise à un prince maure, qui l'avait offensé.

Au temps fixé, ce célèbre guerrier, revenu sur ses pas, somma les Valenciens de tenir leur engagement. L'armée africaine n'avait pas encore paru. Les assiégés qui se flattaient néanmoins de l'espérance de sa prochaine arrivée, refusèrent de se rendre. Elle ne tarda pas effectivement à se montrer; mais, soit crainte, défaut d'intelligence avec ceux qu'elle venait secourir, ou pour des motifs qui sont restés ignorés, elle se retira sans avoir rien entrepris.

Quoique profondément affligés de se voir ainsi délaissés, les Valenciens tentèrent de nouveaux efforts. Ils renversèrent et détruisirent les machines au moyen desquelles le Cid ne cessait de battre leurs murailles. Les assiégeants irrités, leur livrèrent de fréquents assauts, mais furent toujours repoussés. Un jour, Rodrigue, pour éviter d'être écrasé sous un déluge de pierres que lui jetaient les Maures, se trouva contraint de se réfugier, presque seul, dans un établissement de bains, situé près du Guadalaviar. Les assiégés sortirent aussitôt et le cernèrent de toutes parts. Il courait le risque d'être tué ou pris. Sa présence d'esprit le tira de ce danger. Il fit abattre un des murs du bâtiment qui lui servait d'asile, et s'élança, l'épée à la main, par la brèche, suivi des soldats qui étaient enfermés avec lui. Les Arabes, immobiles d'étonnement, n'essayèrent pas de lui fermer le passage.

La faim cependant se faisait une seconde fois sentir dans Valence. C'était pour ses habitants un ennemi plus terrible encore que les armes du Cid. Pendant l'interruption du siége, nombre de ces Maures qui redoutaient les fatigues et surtout l'issue de la guerre, avaient quitté la ville, pour s'établir dans les faubourgs où les chrétiens s'étaient logés, et dans les campagnes qui les avoisinaient. Le chevalier castillan leur ordonna, sous peine de mort, de regagner leur première demeure. Son but était de rejeter dans la place une masse de bouches inutiles et de hâter ainsi le moment où le manque absolu de subsistances lui en ouvrirait les portes. Cette politique fut promptement couronnée de succès. Après avoir consommé tout ce qui leur restait de provisions, les Valenciens y substituèrent les aliments les plus dégoûtants et les plus malsains. Il y en eut beaucoup qui ne purent soutenir cette é- preuve. On les voyait tomber morts dans les rues. D'autres, pour éviter un pareil sort, ha- sardaient de descendre par les remparts, et

tendaient une main suppliante aux chrétiens,
retranchés dans leur camp; mais ces derniers,
dociles aux ordres de leur inflexible chef, les
massacraient impitoyablement. Ni l'âge ni le
sexe n'étaient épargnés. Combien est détestable
la barbarie de l'homme! Lorsqu'on songe à
l'abominable abus qu'il fait le plus souvent de
ses forces, aux actes de férocité par lesquels
il s'est dégradé, même chez les nations les plus
civilisées et dans les siècles les plus éclairés, on
ose à peine croire que les lions et les tigres,
au fond de leurs déserts, puissent être aussi
cruels.

Abenjaf ayant enfin perdu tout espoir, de-
manda à capituler. Il obtint des conditions assez
douces pour la ville, avec la perspective de
certains avantages en sa faveur. Ce traité lui
inspira une grande sécurité. Mais le sang d'Hiaia
criait vengeance, et le meurtrier de ce prince
se flatta vainement d'échapper au châtiment que
méritaient ses crimes. Au bout de quelques jours,
Abenjaf périt d'une manière tragique, soit, par
l'effet de la haine de ses propres partisans, qui
attribuaient leur ruine à sa lâcheté, soit par
ordre du Cid, qui, peut-être ne voulut pas laisser
impunie la trahison dont ce Maure s'était rendu
coupable envers son souverain.

C'est ainsi que Rodrigue mit fin (1094) à son
entreprise, non moins importante que la con-

quête de Tolède, mais beaucoup plus glorieuse
à cause des difficultés que présentait son exécution. Tolède avait succombé sous les efforts d'un
roi très puissant, dont les états s'étendaient jusqu'au pied de ses murailles, et qu'avaient se-
condé une grande masse de troupes auxiliaires,
soit espagnoles, soit étrangères. Valence, située
au centre d'un vaste territoire, qui obéissait encore aux Musulmans, longtemps munie de tout
ce qui était nécessaire à sa défense, et qui,
de plus, pouvait facilement recevoir des secours
d'Afrique, fut prise par un simple chevalier,
qui ne disposait que d'un petit nombre de guerriers, réunis sous sa seule bannière. Mais ce qui
paraît plus extraordinaire encore, et qui n'eût
été peut-être chez tout autre qu'une coupable
témérité, c'est la résolution qu'il forma de se
maintenir dans la possession de la place, malgré
les prodigieux obstacles qu'il devait rencontrer
dans l'accomplissement de ce dessein. Il pro-
mulgua en premier lieu un règlement de police
intérieure dont les dispositions tendaient à établir
une parfaite concorde entre les chrétiens et les
Arabes, soumis à son autorité. La chronique
générale contient à ce sujet des détails précieux
qu'un œil exercé peut seul découvrir au milieu
des faits purement fabuleux, qui tiennent une
grande place dans ce volumineux recueil.

En recourant à cette source, on voit que le
Cid désirait par-dessus tout de faire oublier aux

Maures qu'ils étaient passés sous une domination
nouvelle. Il avait recommandé à ses compagnons
de gloire de les traiter avec bienveillance et
cordialité ; il fut ponctuellement obéi ; et les
Musulmans répondirent à ce procédé généreux
par un dévouement et une fidélité qui ne se
démentirent jamais. Leur nouveau maître leur
paraissait supérieur aux autres hommes ; ils
exaltaient sa valeur dans les combats, sa mo-
dération dans la victoire.

Aux ménagements, qui déjà les comblaient
de joie, Rodrigue crut devoir ajouter des con-
cessions essentielles. Il leur accorda le libre
usage de leurs lois et de leurs coûtumes, et
n'exigea d'eux d'autres impôts que ceux qu'ils
payaient antérieurement. De plus, il se chargea
de leur administrer lui-même la justice, et in-
diqua deux jours de la semaine auxquels il ju-
gerait leurs différends. « Venez à moi, leur
« disait-il fréquemment ; venez, je vous écou-
« terai avec intérêt. Je ne coule pas mes jour-
« nées, comme vos princes, mollement assis
« sur des tapis de Perse, entouré de femmes ou
« de joueurs d'instruments ; ma vie est dure et
« laborieuse. Venez, vous trouverez toujours
« en moi un père tendre, un ami compâtis-
« sant. »

Après avoir de la sorte gagné l'affection du
peuple vaincu, le Cid tourna son attention vers
ses propres soldats. Il craignait que le désir

de rapporter chez eux la part de butin qui leur était échue, ne les déterminât à le quitter. Pour les empêcher de céder à cette tentation, il leur défendit, sous des peines très sévères, de sortir de la ville, sans son agrément, et leur offrit de grands avantages, s'ils consentaient à s'y fixer, ou du moins à y prolonger quelque temps leur séjour. Au moyen de ce système de politique, où la fermeté s'alliait à la douceur, il parvint à les retenir presque tous.

Par ses soins, la principale mosquée fut convertie en église cathédrale. Il désigna pour remplir les fonctions épiscopales un saint prêtre nommé Hiéronime, que les historiens prétendent avoir été l'ami ou le disciple du moine Bernard, élevé, peu d'années au paravant, sur le siége primatial de Tolède.

Confus et désespéré d'avoir laissé tomber entre les mains des chrétiens une des plus importantes cités de l'Espagne musulmane, Juzef essaya, mais en vain, à deux reprises différentes, de la remettre sous son obéissance. Ses troupes, commandées par un de ses neveux, s'avancèrent jusqu'à une portée de trait de Valence, et furent repoussées avec une perte considérable. Bientôt après, Rodrigue, uni à don Pédro, roi d'Aragon, les défit complétement, non loin de Xativa.

Cette double victoire, la soumission volontaire d'Olocau, de Sierra, d'Almenara, et la prise de Murviédro, place très forte, bâtie sur les ruines de l'ancienne Sagonte, consolidèrent la puissance du Cid, qui sut, tout le reste de sa vie, la rendre formidable à ses ennemis.

Ce héros mourut cinq ans après la réduction de Valence (1099). Chimène, sa veuve, que son courage élevait au-dessus de son sexe, retint encore, l'espace de près de trois années, cette grande ville dans sa dépendance. Au bout de ce terme (1101), les Maures, revenus de l'effroi que leur avait inspiré la brillante audace et la fortune du Cid, se jetèrent sur le territoire conquis par cet illustre proscrit, et en investirent la capitale. Craignant de ne pouvoir leur opposer une longue résistance, Chimène réclama le secours d'Alphonse VI. Les Arabes ne voulurent pas entrer en lutte avec ce monarque. Au seul bruit de sa marche, ils se hâtèrent de lever le siége.

La veuve de Rodrigue céda la souveraineté de Valence au roi de Castille; mais ce prince, qui supposait que l'éloignement de ses états ne lui permettrait pas de défendre la place contre les entreprises des Musulmans, l'abandonna après l'avoir en partie livrée aux flammes.

De son mariage avec Chimène, le Cid laissa deux filles : l'aînée épousa un infant de Navarre (1), la seconde un comte de Barcelone (2).

----

(1) Garcie, petit-fils de Sanche IV, qui parvint au trône de Navarre, sous le nom de Garcie V.

(2) Raymond-Bérenger III. (*Notes du Traducteur.*)

Quelques mémoires, manquant peut-être d'authenticité, lui donnent encore un fils, tué, dit-on, à la fleur de l'âge, dans un combat, livré au voisinage de Consuégra.

En sortant de Valence, pour retourner en Castille, Chimène emporta les restes mortels de son époux et les déposa dans l'église du monastère de Saint-Pierre de Cardena, près de Burgos, sous un superbe mausolée, objet encore de nos jours de l'admiration des voyageurs.

Telle est, d'après l'histoire, la vie du célèbre Rodrigue Diaz. L'ignorance l'a surchargée de fables; mais la simple exposition des faits non contestables, suffit pour étonner l'imagination. En effet, on a de la peine à concevoir comment ce guerrier banni de sa patrie, suivi seulement de ses parents, de quelques amis et d'un corps de soldats peu nombreux, eut toujours les armes à la main et remporta autant de victoires qu'il soutint de combats. Destructeur ou conquérant de certains états, protecteur généreux de plusieurs autres, il éclipsa les rois de son temps, et parut aux yeux des peuples enthousiasmés, comme un génie tutélaire, dont tous les pas étaient marqués par d'éclatantes ou de louables actions. Les titres ou surnoms de vaillant champion, de Cid, d'athlète fortuné, que lui donnèrent ses contemporains, ont traversé les siècles et prouvent quelle était la haute opinion qu'avaient conçue de sa bravoure les nations qui se partageaient la péninsule. Les exploits qu'on lui attribue, semblent incroyables. Mais sans que la gloire qu'ils impriment à son nom, souffre la moindre atteinte, on peut dire qu'ils prennent un caractère qui n'admet pas le plus léger doute, si l'on considère que ce héros n'eut jamais à combattre que des masses confuses et mal disciplinées, tantôt composées d'hommes, appartenant à des cultes divers, de mœurs différentes, accidentellement réunis, contre leur penchant naturel, sous les mêmes étendards; tantôt uniquement formées d'Arabes, amollis par les délices d'un climat séducteur, auquel nul autre dans le monde ne peut être comparé. On se demande pourquoi la Castille se priva des services de ce preux et loyal chevalier. Ses constants efforts, joints à la puissance d'Alphonse VI, auraient peut-être poussé jusqu'à la mer les limites de ce royaume, et l'âge suivant aurait vu l'expulsion totale des barbares qui opprimaient l'Espagne. L'envie, la calomnie, un ressentiment peu honorable, mirent un obstacle invincible à l'exécution de cette entreprise, et les prouesses du Cid, qui lui ont procuré un renom immortel, n'eurent d'autre utilité pour l'état, que de dévoiler l'extrême faiblesse de ses ennemis.

FIN.